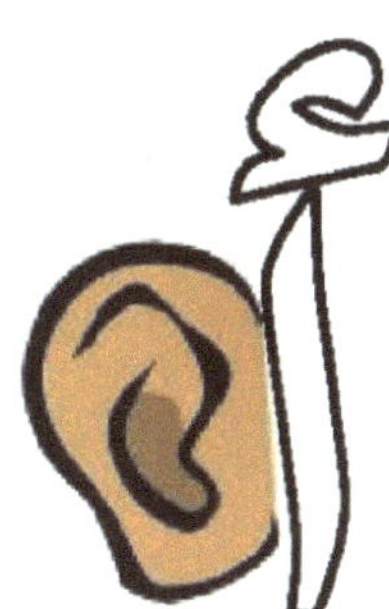

Alif

أ

أَرنب	أَسد
Arnab	*Asad*

أ	أ	أ	أ	أ	أ	أ
أ	أ	أ	أ	أ	أ	أ
أ	أ	أ	أ	أ	أ	أ

Baa

 برتقال	 بيت
Burtuqal	*Bait*

ب	ب	ب	ب	ب	ب	ب
ب	ب	ب	ب	ب	ب	ب
ب	ب	ب	ب	ب	ب	ب

Taa

تـفاح

Tufah

تمساح

Temsah

ت	ت	ت	ت	ت	ت	ت
تـ	تـ	تـ	تـ	تـ	تـ	تـ
تـ	تـ	تـ	تـ	تـ	تـ	تـ

Thaa

ثعبان
Thuaban

ثلج
Thalj

Jiim

 جمل	جــزر 
Jamal	Jazar

ج ج ج ج ج ج ج

ح ح ح ح ح ح ح

ح ح ح ح ح ح ح

Haa

Khaa

خ خ خ خ خ خ خ

Dall

	د يــك	

Diek

د ب 

Dob

د د د د د د د

Dhaal

ذيل

Dhail

ذبابة *Dhubabah*

ذ	ذ	ذ	ذ	ذ	ذ	ذ
ذ	ذ	ذ	ذ	ذ	ذ	ذ
ذ	ذ	ذ	ذ	ذ	ذ	ذ

Raa

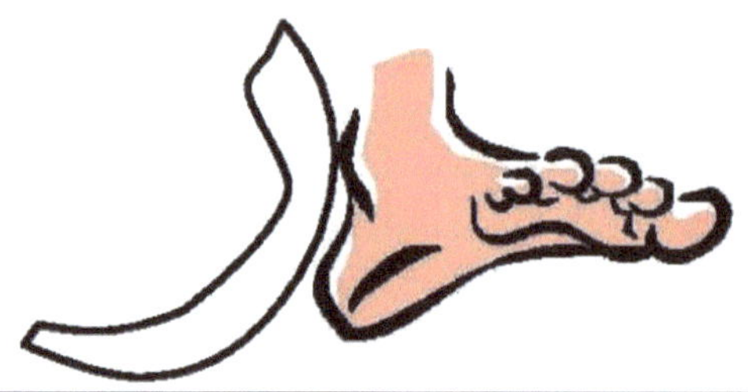

رفش

Rafsh

رمان

Rumaan

ر ر ر ر ر ر ر

Ziin

زيتون

Zaitoon

زهرة

Zahrah

Siin

Shiin

 شـجرة *Shajarah*	 شـمس *Shams*

ش	ش	ش	ش	ش	ش
ش	ش	ش	ش	ش	ش
ش	ش	ش	ش	ش	ش

Saad

Safaarah

صفارة

Saarookh

صاروخ

ص	ص	ص	ص	ص	ص
ص	ص	ص	ص	ص	ص
ص	ص	ص	ص	ص	ص

Daad

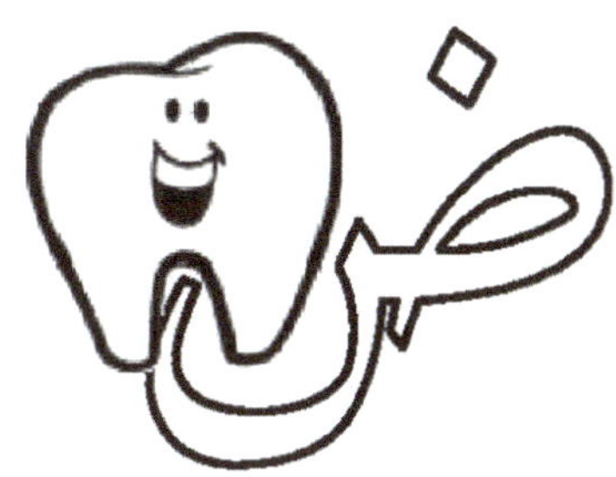

ضبع

Dabea

ضفدع

Defdaa

ض	ض	ض	ض	ض	ض

Taa

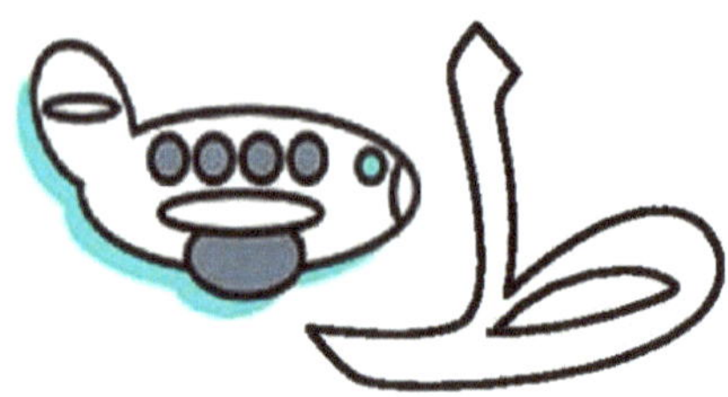

طبيب

Tabib

طبل

Tabel

ط	ط	ط	ط	ط	ط
ط	ط	ط	ط	ط	ط
ط	ط	ط	ط	ط	ط

Dhaa

ظ	ظ	ظ	ظ	ظ	ظ
ظ	ظ	ظ	ظ	ظ	ظ
ظ	ظ	ظ	ظ	ظ	ظ

Ayn

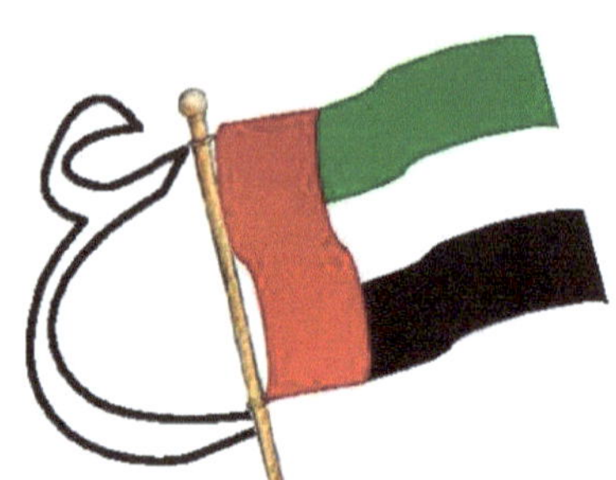

 **Anab** عنب	 عصفور **Asfoor**

ع	ع	ع	ع	ع	ع

Ghayn

Ghuraab

غراب

غسالة

Ghasalah

غ	غ	غ	غ	غ	غ
غ	غ	غ	غ	غ	غ
غ	غ	غ	غ	غ	غ

Faa

فَأر *Faar*	فَـراولة *Farawlah*

ف	ف	ف	ف	ف	ف

Qaaf

	Qerd		Qetaar

قرد

قطار

ق	ق	ق	ق	ق	ق
ق	ق	ق	ق	ق	ق
ق	ق	ق	ق	ق	ق

Kaaf

كـ	كـ	كـ	كـ	كـ	كـ
كـ	كـ	كـ	كـ	كـ	كـ
كـ	كـ	كـ	كـ	كـ	كـ

Laam

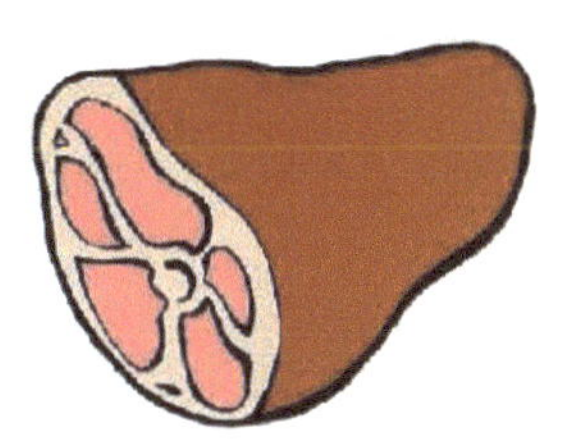

Miim

Noon

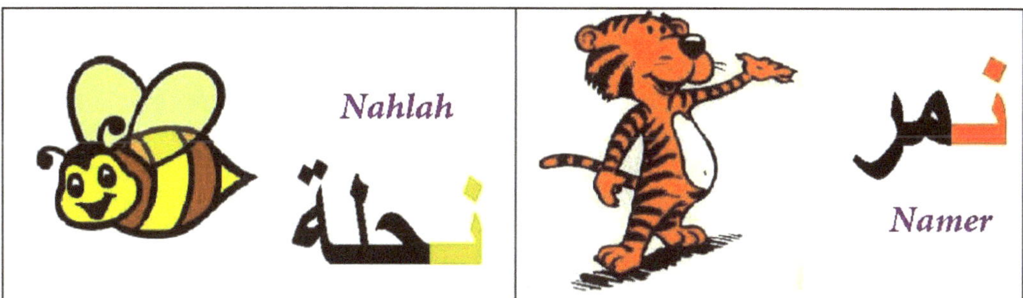

Nahlah

نحلة

Namer

نمر

Haa

Hadeiah

هدية

Hatef

هاتف

هـ	هـ	هـ	هـ	هـ	هـ
ـهـ	ـهـ	ـهـ	ـهـ	ـهـ	ـهـ
ـهـ	ـهـ	ـهـ	ـهـ	ـهـ	ـهـ

Waw

Walad
ولد

Wardah
وردة

و	و	و	و	و	و
و	و	و	و	و	و
و	و	و	و	و	و

Yaa

 **Yamamah** يمامة	 يـد Yad

ي	ي	ي	ي	ي	ي
ﮮ	ﮮ	ﮮ	ﮮ	ﮮ	ﮮ
ﮮ	ﮮ	ﮮ	ﮮ	ﮮ	ﮮ

www.ingramcontent.com/pod-product-compliance
Lightning Source LLC
Chambersburg PA
CBHW042123110726
48006CB00003B/745